PREFÁCIO

A coleção de frases de viagem "Vai tudo correr bem!" publicada pela T&P Books é concebida para pessoas que vão ao estrangeiro em viagens de turismo e negócios. Os livros de frases contêm o que é mais importante - o essencial para uma comunicação básica. Este é um conjunto indispensável de frases para "sobreviver" no estrangeiro.

Este Guia de Conversação irá ajudá-lo na maioria das situações em que precise de perguntar alguma coisa, obter direções, saber quanto custa algo, etc. Pode também resolver situações de difícil comunicação onde os gestos simplesmente não ajudam.

Este livro contém uma série de frases que foram agrupadas de acordo com os tópicos mais relevantes. Também encontrará um mini dicionário com palavras úteis - números, tempo, calendário, cores ...

Leve consigo para a estrada o Guia de Conversação "Vai tudo correr bem!" e terá um companheiro de viagem insubstituível, que irá ajudá-lo a encontrar o seu caminho em qualquer situação e ensiná-lo a não recear falar com estrangeiros.

TABELA DE CONTEÚDOS

T&P Books Publishing

Coleção Guias de Conversação
"Vai tudo correr bem!"

T&P Books Publishing

GUIA DE CONVERSAÇÃO
TURCO

Andrey Taranov

AS PALAVRAS E AS FRASES MAIS ÚTEIS

Este guia de conversação contém frases e perguntas comuns essenciais para uma comunicação básica com estrangeiros

T&P BOOKS

Frases + dicionário de 250 palavras

Guia de Conversação Português-Turco e mini dicionário 250 palavras

Por Andrey Taranov

A coleção de frases de viagem "Vai tudo correr bem!" publicada pela T&P Books é concebida para pessoas que vão ao estrangeiro em viagens de turismo e negócios. Os livros de frases contêm o que é mais importante - o essencial para uma comunicação básica. Este é um conjunto indispensável de frases para "sobreviver" no estrangeiro.

Também encontrará um mini dicionário com 250 palavras úteis necessárias para a comunicação do dia a dia - os nomes dos meses e dias da semana, medidas, membros da família e muito mais.

Editora T&P Books
www.tpbooks.com

ISBN: 978-1-78492-580-2

Este livro também está disponível em formato E-book.
Por favor visite www.tpbooks.com ou as principais livrarias on-line.

PRONÚNCIA

Letra	Exemplo Turco	Alfabeto fonético T&P	Exemplo Português

Vogais

Letra	Exemplo Turco	Alfabeto fonético	Exemplo Português
A a	ada	[a]	chamar
E e	eş	[e]	metal
I ı	tıp	[ı]	sinónimo
İ i	isim	[i]	sinónimo
O o	top	[ɔ]	emboço
Ö ö	ödül	[ø]	orgulhoso
U u	mum	[u]	bonita
Ü ü	süt	[y]	questionar

Consoantes

Letra	Exemplo Turco	Alfabeto fonético	Exemplo Português
B b	baba	[b]	barril
C c	cam	[ʤ]	adjetivo
Ç ç	çay	[ʧ]	Tchau!
D d	diş	[d]	dentista
F f	fikir	[f]	safári
G g	güzel	[g]	gosto
Ğ ğ [1]	oğul		letra muda
Ğ ğ [2]	öğle vakti	[j]	géiser
H h	hata	[h]	[h] aspirada
J j	jest	[ʒ]	talvez
K k	komşu	[k]	kiwi
L l	lise	[l]	libra
M m	meydan	[m]	magnólia
N n	neşe	[n]	natureza
P p	posta	[p]	presente
R r	rakam	[r]	riscar
S s	sabah	[s]	sanita
Ş ş	şarkı	[ʃ]	mês
T t	tren	[t]	tulipa

Letra	Exemplo Turco	Alfabeto fonético T&P	Exemplo Português
V v	vazo	[v]	fava
Y y	yaş	[j]	géiser
Z z	zil	[z]	sésamo

Comentários

* As letras **Ww, Xx** só são usadas em palavras estrangeiras
1 silencioso depois de vogais ásperas (**a, ı, o, u**) e prolonga essas vogais
2 depois de vogais brandas (**e, i, ö, ü**)

LISTA DE ABREVIATURAS

Abreviaturas do Português

adj	-	adjetivo
adv	-	advérbio
anim.	-	animado
conj.	-	conjunção
desp.	-	desporto
etc.	-	etecetra
ex.	-	por exemplo
f	-	nome feminino
f pl	-	feminino plural
fem.	-	feminino
inanim.	-	inanimado
m	-	nome masculino
m pl	-	masculino plural
m, f	-	masculino, feminino
masc.	-	masculino
mat.	-	matemática
mil.	-	militar
pl	-	plural
prep.	-	preposição
pron.	-	pronome
sb.	-	sobre
sing.	-	singular
v aux	-	verbo auxiliar
vi	-	verbo intransitivo
vi, vt	-	verbo intransitivo, transitivo
vp	-	verbo pronominal
vt	-	verbo transitivo

T&P BOOKS

GUIA DE CONVERSAÇÃO TURCO

Esta secção contém frases importantes que podem vir a ser úteis em várias situações da vida real.
O Guia de Conversação irá ajudá-lo a pedir orientações, esclarecer um preço, comprar bilhetes e pedir comida num restaurante

T&P Books Publishing

CONTEÚDO DO GUIA DE CONVERSAÇÃO

T&P Books Publishing

O mínimo

Desculpe, ...	**Affedersiniz, ...** [affedɛrsiniz, ...]
Olá!	**Merhaba.** [mɛrhaba]
Obrigado /Obrigada/.	**Teşekkürler.** [tɛʃekkyrlɛr]
Adeus.	**Hoşça kalın.** [hoʃtʃa kalın]
Sim.	**Evet.** [ɛvet]
Não.	**Hayır.** [hajır]
Não sei.	**Bilmiyorum.** [bilmijorum]
Onde? | Para onde? | Quando?	**Nerede? | Nereye? | Ne zaman?** [nɛrɛdɛ? | nɛrɛje? | nɛ zaman?]

Preciso de ...	**Bana ... lazım.** [bana ... lazım]
Eu queria ...	**... istiyorum.** [... istijorum]
Tem ...?	**Sizde ... var mı?** [sizdɛ ... var mı?]
Há aqui ...?	**Burada ... var mı?** [burada ... var mı?]
Posso ...?	**... yapabilir miyim?** [... japabilir mijim?]
..., por favor	**..., lütfen** [..., lytfɛn]

Estou à procura de ...	**Ben ... arıyorum.** [ben ... arıjorum]
casa de banho	**tuvaleti** [tuvaleti]
Multibanco	**bankamatik** [bankamatik]
farmácia	**eczane** [ɛdʒzane]
hospital	**hastane** [hastanɛ]
esquadra de polícia	**karakolu** [karakolu]
metro	**metroyu** [metroju]

táxi	**taksi** [taksi]
estação de comboio	**tren istasyonunu** [tren istasjonunu]

Chamo-me ...	**Benim adım ...** [benim adım ...]
Como se chama?	**Adınız nedir?** [adınız nɛdir?]
Pode-me dar uma ajuda?	**Bana yardım edebilir misiniz, lütfen?** [bana jardım ɛdɛbilir misiniz, lytfɛn?]
Tenho um problema.	**Bir sorunum var.** [bir sorunum var]
Não me sinto bem.	**Kendimi iyi hissetmiyorum.** [kendimi iji hissɛtmijorum]
Chame a ambulância!	**Ambulans çağırın!** [ambulans tʃa:ırın!]
Posso fazer uma chamada?	**Telefonunuzdan bir arama yapabilir miyim?** [tɛlefonunuzdan bir arama japabilir mijim?]

Desculpe.	**Üzgünüm.** [yzgynym]
De nada.	**Rica ederim.** [ridʒa ɛdɛrim]

eu	**Ben, bana** [ben, bana]
tu	**sen** [sen]
ele	**o** [o]
ela	**o** [o]
eles	**onlar** [onlar]
elas	**onlar** [onlar]
nós	**biz** [biz]
vocês	**siz** [siz]
você	**siz** [siz]

ENTRADA	**GİRİŞ** [giriʃ]
SAÍDA	**ÇIKIŞ** [tʃıkıʃ]
FORA DE SERVIÇO	**HİZMET DIŞI** [hizmɛt diʃi]

FECHADO   **KAPALI**
                                 [kapali]

ABERTO   **AÇIK**
                                 [atʃik]

PARA SENHORAS   **KADINLAR İÇİN**
                                 [kadinlar itʃin]

PARA HOMENS   **ERKEKLER İÇİN**
                                 [ɛrkeklɛr itʃin]

Perguntas

Onde?	**Nerede?** [nɛrɛdɛ?]
Para onde?	**Nereye?** [nɛrɛje?]
De onde?	**Nereden?** [nɛrɛdɛn?]
Porquê?	**Neden?** [nɛdɛn?]
Porque razão?	**Niçin?** [niʧin?]
Quando?	**Ne zaman?** [nɛ zaman?]

Quanto tempo?	**Ne kadar sürdü?** [nɛ kadar syrdy?]
A que horas?	**Ne zaman?** [nɛ zaman?]
Quanto?	**Ne kadar?** [nɛ kadar?]
Tem ...?	**Sizde ... var mı?** [sizdɛ ... var mı?]
Onde fica ...?	**... nerede?** [... nɛrɛdɛ?]

Que horas são?	**Saat kaç?** [saat kaʧ?]
Posso fazer uma chamada?	**Telefonunuzdan bir arama yapabilir miyim?** [tɛlefonunuzdan bir arama japabilir mijim?]
Quem é?	**Kim o?** [kim o?]
Posso fumar aqui?	**Burada sigara içebilir miyim?** [burada sigara iʧɛbilir mijim?]
Posso ...?	**... yapabilir miyim?** [... japabilir mijim?]

15

Necessidades

Eu gostaria de ...	**... istiyorum.** [... istijorum]
Eu não quero ...	**... istemiyorum.** [... istɛmijorum]
Tenho sede.	**Susadım.** [susadɪm]
Eu quero dormir.	**Uyumak istiyorum.** [ujumak istijorum]

Eu queria ...	**... istiyorum.** [... istijorum]
lavar-me	**Elimi yüzümü yıkamak** [ɛlimi jyzymy jɪkamak]
escovar os dentes	**Dişlerimi fırçalamak** [diʃlerimi fɪrtʃalamak]
descansar um pouco	**Biraz dinlenmek** [biraz dinlenmek]
trocar de roupa	**Üstümü değiştirmek** [ystymy dɛ:iʃtirmek]

voltar ao hotel	**Otele geri dönmek** [otɛle geri dønmek]
comprar ...	**... satın almak** [... satın almak]
ir para ...	**... gitmek** [... gitmek]
visitar ...	**... ziyaret etmek** [... zijarɛt ɛtmek]
encontrar-me com ...	**... ile buluşmak** [... ile buluʃmak]
fazer uma chamada	**Bir arama yapmak** [bir arama japmak]

Estou cansado /cansada/.	**Yorgunum.** [jorgunum]
Nós estamos cansados /cansadas/.	**Yorgunuz.** [jorgunuz]
Tenho frio.	**Üşüdüm.** [yʃydym]
Tenho calor.	**Sıcakladım.** [sɪdʒakladɪm]
Estou bem.	**İyiyim.** [ijijim]

Preciso de telefonar.	**Telefon etmem lazım.** [tɛlefon ɛtmɛm lazım]
Preciso de ir à casa de banho.	**Lavaboya gitmem lazım.** [lavaboja gitmɛm lazım]
Tenho de ir.	**Gitmem gerek.** [gitmɛm gerek]
Tenho de ir agora.	**Artık gitmem gerek.** [artık gitmɛm gerek]

Perguntando por direções

Desculpe, ...	**Affedersiniz, ...** [affedεrsiniz, ...]
Onde fica ...?	**... nerede?** [... nεrεdε?]
Para que lado fica ...?	**... ne tarafta?** [... nε tarafta?]
Pode-me dar uma ajuda?	**Bana yardımcı olabilir misiniz, lütfen?** [bana jardımdʒı olabilir misiniz, lytfεn?]

Estou à procura de ...	**... arıyorum.** [... arıjorum]
Estou à procura da saída.	**Çıkışı arıyorum.** [ʧıkıʃı arıjorum]
Eu vou para ...	**... gidiyorum.** [... gidijorum]
Estou a ir bem para ...?	**... gitmek için doğru yolda mıyım?** [... gitmek iʧin do:ru jolda mıjım?]

Fica longe?	**Uzak mıdır?** [uzak mıdır?]
Posso ir até lá a pé?	**Oraya yürüyerek gidebilir miyim?** [oraja jyryjerek gidεbilir mijim?]
Pode-me mostrar no mapa?	**Yerini haritada gösterebilir misiniz?** [jerini haritada gøstεrεbilir misiniz?]
Mostre-me onde estamos de momento.	**Şu an nerede olduğumuzu gösterir misiniz?** [ʃu an nεrεdε oldu:umuzu gøstεrir misiniz?]

Aqui	**Burada** [burada]
Ali	**Orada** [orada]
Por aqui	**Bu taraftan** [bu taraftan]

Vire à direita.	**Sağa dönün.** [sa:a dønyn]
Vire à esquerda.	**Sola dönün.** [sola dønyn]
primeira (segunda, terceira) curva	**ilk (ikinci, üçüncü) çıkış** [ilk (ikindʒi, yʧyndʒy) ʧıkıʃ]
para a direita	**sağa** [sa:a]

para a esquerda	**sola** [sola]
Vá sempre em frente.	**Dümdüz gidin.** [dymdyz gidin]

Sinais

BEM-VINDOS!	**HOŞ GELDİNİZ!** [hoʃ gɛldiniz!]
ENTRADA	**GİRİŞ** [giriʃ]
SAÍDA	**ÇIKIŞ** [tʃikiʃ]
EMPURRAR	**İTİNİZ** [itiniz]
PUXAR	**ÇEKİNİZ** [tʃekiniz]
ABERTO	**AÇIK** [atʃik]
FECHADO	**KAPALI** [kapali]
PARA SENHORAS	**BAYAN** [bajan]
PARA HOMENS	**BAY** [baj]
HOMENS, CAVALHEIROS (M)	**BAY** [baj]
SENHORAS (F)	**BAYAN** [bajan]
DESCONTOS	**İNDİRİM** [indirim]
SALDOS	**İNDİRİM** [indirim]
GRATUITO	**BEDAVA** [bedava]
NOVIDADE!	**YENİ!** [jeni!]
ATENÇÃO!	**DİKKAT!** [dikkat!]
NÃO HÁ VAGAS	**BOŞ YER YOK** [boʃ jer jok]
RESERVADO	**REZERVE** [rezɛrvɛ]
ADMINISTRAÇÃO	**MÜDÜRİYET** [mydyrijet]
ACESSO RESERVADO	**PERSONEL HARİCİ GİRİLMEZ** [personɛl haridʒi girilmɛz]

CUIDADO COM O CÃO

DİKKAT KÖPEK VAR!
[dikkat køpek var!]

NÃO FUMAR!

SİGARA İÇMEK YASAKTIR!
[sigara itʃmek jasaktir!]

NÃO MEXER!

DOKUNMAYINIZ!
[dokunmajiniz!]

PERIGOSO

TEHLİKELİ
[tehlikɛli]

PERIGO

TEHLİKE
[tehlikɛ]

ALTA TENSÃO

YÜKSEK GERİLİM
[jyksek gerilim]

PROIBIDO NADAR

YÜZMEK YASAKTIR!
[jyzmek jasaktir!]

FORA DE SERVIÇO

HİZMET DIŞI
[hizmɛt diʃi]

INFLAMÁVEL

YANICI
[janidʒi]

PROIBIDO

YASAK
[jasak]

PASSAGEM PROIBIDA

GİRİLMEZ!
[girilmɛz!]

PINTADO DE FRESCO

YENİ BOYANMIŞ ALAN
[jeni bojanmiʃ alan]

FECHADO PARA OBRAS

TADİLAT SEBEBİYLE KAPALIDIR
[tadilat sebɛbijlɛ kapalidir]

TRABALHOS NA VIA

İLERİDE YOL ÇALIŞMASI VAR
[ileridɛ jol tʃaliʃmasi var]

DESVIO

TALİ YOL
[tali jol]

Transportes. Frases gerais

avião	**uçak** [utʃak]
comboio	**tren** [tren]
autocarro	**otobüs** [otobys]
ferri	**feribot** [feribot]
táxi	**taksi** [taksi]
carro	**araba** [araba]

horário	**tarife** [tarifɛ]
Onde posso ver o horário?	**Tarifeyi nereden görebilirim?** [tarifɛji nɛrɛdɛn gørebilirim?]
dias de trabalho	**haftaiçi** [hafta itʃi]
fins de semana	**haftasonu** [hafta sonu]
férias	**tatil günleri** [tatil gynleri]

PARTIDA	**KALKIŞ** [kalkiʃ]
CHEGADA	**VARIŞ** [variʃ]
ATRASADO	**RÖTARLI** [røtarli]
CANCELADO	**İPTAL** [iptal]

próximo (comboio, etc.)	**bir sonraki** [bir sonraki]
primeiro	**ilk** [ilk]
último	**son** [son]

Quando é o próximo ...?	**Bir sonraki ... ne zaman?** [bir sonraki ... nɛ zaman?]
Quando é o primeiro ...?	**İlk ... ne zaman?** [ilk ... nɛ zaman?]

Quando é o último ...?

Son ... ne zaman?
[son ... nε zaman?]

transbordo

aktarma
[aktarma]

fazer o transbordo

aktarma yapmak
[aktarma japmak]

Preciso de fazer o transbordo?

Aktarma yapmam gerekiyor mu?
[aktarma japmam gerekijor mu?]

Comprando bilhetes

Onde posso comprar bilhetes?	**Nereden bilet alabilirim?** [nɛrɛdɛn bilet alabilirim?]
bilhete	**bilet** [bilet]
comprar um bilhete	**bilet almak** [bilet almak]
preço do bilhete	**bilet fiyatı** [bilet fijatı]

Para onde?	**Nereye?** [nɛrɛje?]
Para que estação?	**Hangi istasyona?** [hangi istasjona?]
Preciso de …	**Bana … lazım.** [bana … lazım]
um bilhete	**bir bilet** [bir bilet]
dois bilhetes	**iki bilet** [iki bilet]
três bilhetes	**üç bilet** [yʧ bilet]

só de ida	**tek yön** [tek jøn]
de ida e volta	**gidiş-dönüş** [gidiʃ-dønyʃ]
primeira classe	**birinci sınıf** [birinʤi sınıf]
segunda classe	**ikinci sınıf** [ikinʤi sınıf]

hoje	**bugün** [bugyn]
amanhã	**yarın** [jarın]
depois de amanhã	**yarından sonraki gün** [jarından sonraki gyn]
de manhã	**sabah** [sabah]
à tarde	**öğleden sonra** [øːlɛdɛn sonra]
ao fim da tarde	**akşam** [akʃam]

lugar de corredor	**koridor tarafı koltuk** [koridor tarafı koltuk]
lugar à janela	**pencere kenarı koltuk** [pendʒɛrɛ kɛnarı koltuk]
Quanto?	**Ne kadar?** [nɛ kadar?]
Posso pagar com cartão de crédito?	**Kredi kartıyla ödeyebilir miyim?** [krɛdi kartıjla ødejebilir mijim?]

Autocarro

autocarro	**otobüs** [otobys]
camioneta (autocarro interurbano)	**şehirler arası otobüs** [ʃehirlɛr arası otobys]
paragem de autocarro	**otobüs durağı** [otobys duraːı]
Onde é a paragem de autocarro mais perto?	**En yakın otobüs durağı nerede?** [ɛn jakın otobys duraːı nɛrɛdɛ?]

número	**numara** [numara]
Qual o autocarro que apanho para ...?	**... gitmek için hangi otobüse binmem lazım?** [... gitmek iʧin hangi otobysɛ binmem lazım?]
Este autocarro vai até ...?	**Bu otobüs ... gider mi?** [bu otobys ... gidɛr mi?]
Com que frequência passam os autocarros?	**Ne sıklıkta otobüs var?** [nɛ sıklıkta otobys var?]

de 15 em 15 minutos	**on beş dakikada bir** [on beʃ dakikada bir]
de meia em meia hora	**her yarım saatte bir** [hɛr jarım saattɛ bir]
de hora a hora	**saat başı** [saat baʃı]
várias vezes ao dia	**günde birçok sefer** [gyndɛ birʧok sefɛr]
... vezes ao dia	**günde ... kere** [gyndɛ ... kerɛ]

horário	**tarife** [tarifɛ]
Onde posso ver o horário?	**Tarifeyi nereden görebilirim?** [tarifɛji nɛrɛdɛn gørebilirim?]

Quando é o próximo autocarro?	**Bir sonraki otobüs ne zaman?** [bir sonraki otobys nɛ zaman?]
Quando é o primeiro autocarro?	**İlk otobüs ne zaman?** [ilk otobys nɛ zaman?]
Quando é o último autocarro?	**Son otobüs ne zaman?** [son otobys nɛ zaman?]
paragem	**durak** [durak]

próxima paragem	**sonraki durak** [sonraki durak]
última paragem	**son durak** [son durak]
Pare aqui, por favor.	**Burada durun lütfen.** [burada durun lytfɛn]
Desculpe, esta é a minha paragem.	**Affedersiniz, bu durakta ineceğim.** [affedɛrsiniz, bu durakta inedʒɛ:im]

Comboio

comboio	**tren** [tren]
comboio sub-urbano	**banliyö treni** [banlijø treni]
comboio de longa distância	**uzun mesafe treni** [uzun mesafɛ treni]
estação de comboio	**tren istasyonu** [tren istasjonu]
Desculpe, onde fica a saída para a plataforma?	**Affedersiniz, perona nasıl gidebilirim?** [affedɛrsiniz, pɛrona nasıl gidɛbilirim?]

Este comboio vai até ...?	**Bu tren ... gider mi?** [bu tren ... gidɛr mi?]
próximo comboio	**bir sonraki tren** [bir sonraki tren]
Quando é o próximo comboio?	**Bir sonraki tren ne zaman?** [bir sonraki tren nɛ zaman?]
Onde posso ver o horário?	**Tarifeyi nereden görebilirim?** [tarifɛji nɛrɛdɛn gørebilirim?]
Apartir de que plataforma?	**Hangi perondan?** [hangi perondan?]
Quando é que o comboio chega a ...?	**Tren ... ne zaman varır?** [tren ... nɛ zaman varır?]

Ajude-me, por favor.	**Lütfen bana yardımcı olur musunuz?** [lytfɛn bana jardımʤı olur musunuz?]
Estou à procura do meu lugar.	**Yerimi arıyorum.** [jerimi arıjorum]
Nós estamos à procura dos nossos lugares.	**Yerlerimizi arıyoruz.** [jerlerimizi arıjoruz]
O meu lugar está ocupado.	**Yerimde başkası oturuyor.** [jerimdɛ baʃkası oturujor]
Os nossos lugares estão ocupados.	**Yerlerimizde başkaları oturuyor.** [jerlerimizdɛ baʃkaları oturujor]

Peço desculpa mas este é o meu lugar.	**Affedersiniz, bu benim koltuğum.** [affedɛrsiniz, bu benim koltu:um]
Este lugar está ocupado?	**Bu koltuk boş mu?** [bu koltuk boʃ mu?]
Posso sentar-me aqui?	**Buraya oturabilir miyim?** [buraja oturabilir mijim?]

No comboio. Diálogo (Sem bilhete)

Bilhete, por favor.	**Bilet, lütfen.** [bilet, lytfɛn]
Não tenho bilhete.	**Biletim yok.** [biletim jok]
Perdi o meu bilhete.	**Biletimi kaybettim.** [biletimi kajbɛttim]
Esqueci-me do bilhete em casa.	**Biletimi evde unuttum.** [biletimi evdɛ unuttum]

Pode comprar um bilhete a mim.	**Biletinizi benden alabilirsiniz.** [biletinizi bɛndɛn alabilirsiniz]
Terá também de pagar uma multa.	**Ceza da ödemek zorundasınız.** [dʒɛza da ødɛmek zorundasınız]
Está bem.	**Tamam.** [tamam]
Onde vai?	**Nereye gidiyorsunuz?** [nɛrɛje gidijorsunuz?]
Eu vou para ...	**... gidiyorum.** [... gidijorum]

Quanto é? Eu não entendo.	**Ne kadar? Anlamıyorum.** [nɛ kadar? anlamıjorum]
Escreva, por favor.	**Yazar mısınız, lütfen?** [jazar mısınız, lytfɛn?]
Está bem. Posso pagar com cartão de crédito?	**Tamam. Kredi kartıyla** **ödeyebilir miyim?** [tamam. krɛdi kartıjla ødejebilir mijim?]
Sim, pode.	**Evet, olur.** [ɛvet, olur]

Aqui tem a sua fatura.	**Buyrun, makbuzunuz.** [bujrun, makbuzunuz]
Desculpe pela multa.	**Ceza için üzgünüm.** [dʒɛza itʃin yzgynym]
Não tem mal. A culpa foi minha.	**Önemli değil. Benim hatamdı.** [ønemli dɛ:il. benim hatamdı]
Desfrute da sua viagem.	**İyi yolculuklar.** [iji joldʒuluklar]

Taxi

táxi	**taksi** [taksi]
taxista	**taksi şoförü** [taksi ʃoføry]
apanhar um táxi	**taksiye binmek** [taksije binmek]
paragem de táxis	**taksi durağı** [taksi duraːɪ]
Onde posso apanhar um táxi?	**Nereden taksiye binebilirim?** [nɛrɛdɛn taksije binɛbilirim?]
chamar um táxi	**taksi çağırmak** [taksi tʃaːɪrmak]
Preciso de um táxi.	**Bana bir taksi lazım.** [bana bir taksi lazɪm]
Agora.	**Hemen şimdi.** [hemɛn ʃimdi]
Qual é a sua morada?	**Adresiniz nedir?** [adrɛsiniz nɛdir?]
A minha morada é ...	**Adresim ...** [adrɛsim ...]
Qual o seu destino?	**Nereye gideceksiniz?** [nɛrɛje gidɛdʒeksiniz?]
Desculpe, ...	**Affedersiniz, ...** [affedɛrsiniz, ...]
Está livre?	**Müsait misiniz?** [mysait misiniz?]
Em quanto fica a corrida até ...?	**... gitmek ne kadar tutar?** [... gitmek nɛ kadar tutar?]
Sabe onde é?	**Nerede olduğunu biliyor musunuz?** [nɛrɛdɛ olduːunu bilijor musunuz?]
Para o aeroporto, por favor.	**Havalimanı, lütfen.** [havalimanɪ, lytfɛn]
Pare aqui, por favor.	**Burada durun, lütfen.** [burada durun, lytfɛn]
Não é aqui.	**Burası değil.** [burasɪ dɛːil]
Esta morada está errada. (Não é aqui)	**Bu adres yanlış.** [bu adres janlɪʃ]
Vire à esquerda.	**Sola dönün.** [sola dønyn]
Vire à direita.	**Sağa dönün.** [saːa dønyn]

Quanto lhe devo?	**Borcum ne kadar?** [bordʒum nɛ kadar?]
Queria fatura, por favor.	**Fiş alabilir miyim, lütfen?** [fiʃ alabilir mijim, lytfɛn?]
Fique com o troco.	**Üstü kalsın.** [ysty kalsın]

Espere por mim, por favor.	**Beni bekleyebilir misiniz, lütfen?** [beni beklejebilir misiniz, lytfɛn?]
5 minutos	**beş dakika** [beʃ dakika]
10 minutos	**on dakika** [on dakika]
15 minutos	**on beş dakika** [on beʃ dakika]
20 minutos	**yirmi dakika** [jirmi dakika]
meia hora	**yarım saat** [jarım saat]

Hotel

Olá!	**Merhaba.** [mɛrhaba]
Chamo-me ...	**Adım ...** [adɪm ...]
Tenho uma reserva.	**Rezervasyonum var.** [rezɛrvasjonum var]
Preciso de ...	**Bana ... lazım.** [bana ... lazɪm]
um quarto de solteiro	**tek kişilik bir oda** [tek kiʃilik bir oda]
um quarto de casal	**çift kişilik bir oda** [tʃift kiʃilik bir oda]
Quanto é?	**Ne kadar tuttu?** [nɛ kadar tuttu?]
Está um pouco caro.	**Bu biraz pahalı.** [bu biraz pahalɪ]
Não tem outras opções?	**Elinizde başka seçenek var mı?** [ɛlinizdɛ baʃka setʃɛnek var mɪ?]
Eu fico com ele.	**Bunu alıyorum.** [bunu alɪjorum]
Eu pago em dinheiro.	**Peşin ödeyeceğim.** [peʃin ødejedʒɛːim]
Tenho um problema.	**Bir sorunum var.** [bir sorunum var]
O meu ... está partido /A minha ... está partida/.	**... bozuk.** [... bozuk]
O meu ... está avariado /A minha ... está avariada/.	**... çalışmıyor.** [... tʃalɪʃmɪjor]
televisor (m)	**Televizyon** [tɛlevizjon]
ar condicionado (m)	**Klima** [klima]
torneira (f)	**Musluk** [musluk]
duche (m)	**Duş** [duʃ]
lavatório (m)	**Lavabo** [lavabo]
cofre (m)	**Kasa** [kasa]

fechadura (f)	**Kapı kilidi** [kapı kilidi]
tomada elétrica (f)	**Priz** [priz]
secador de cabelo (m)	**Saç kurutma makinesi** [saʧ kurutma makinɛsi]

Não tenho ...	**... yok** [... joːk]
água	**Su** [su]
luz	**Işık** [iʃık]
eletricidade	**Elektrik** [ɛlektrik]

Pode dar-me ...?	**Bana ... verebilir misiniz?** [bana ... vɛrɛbilir misiniz?]
uma toalha	**bir havlu** [bir havlu]
um cobertor	**bir battaniye** [bir battanije]
uns chinelos	**bir terlik** [bir tɛrlik]
um roupão	**bir bornoz** [bir bornoz]
algum champô	**biraz şampuan** [biraz ʃampuan]
algum sabonete	**biraz sabun** [biraz sabun]

Gostaria de trocar de quartos.	**Odamı değiştirmek istiyorum.** [odamı dɛːiʃtirmek istijorum]
Não consigo encontrar a minha chave.	**Anahtarımı bulamıyorum.** [anahtarımı bulamıjorum]
Abra-me o quarto, por favor.	**Odamı açabilir misiniz, lütfen?** [odamı aʧabilir misiniz, lytfɛn?]
Quem é?	**Kim o?** [kim o?]
Entre!	**Girin!** [girin!]
Um minuto!	**Bir dakika!** [bir dakika!]
Agora não, por favor.	**Lütfen şimdi değil.** [lytfɛn ʃimdi dɛːil]

Venha ao meu quarto, por favor.	**Odama gelin, lütfen.** [odama gelin, lytfɛn]
Gostaria de encomendar comida.	**Odama yemek siparişi vermek istiyorum.** [odama jemek sipariʃi vɛrmek istijorum]

O número do meu quarto é ...

Oda numaram ...
[oda numaram ...]

Estou de saída ...

... gidiyorum.
[... gidijorum]

Estamos de saída ...

... gidiyoruz.
[... gidijoruz]

agora

şimdi
[ʃimdi]

esta tarde

öğleden sonra
[ø:øledɛn sonra]

hoje à noite

bu akşam
[bu akʃam]

amanhã

yarın
[jarın]

amanhã de manhã

yarın sabah
[jarın sabah]

amanhã ao fim da tarde

yarın akşam
[jarın akʃam]

depois de amanhã

yarından sonraki gün
[jarından sonraki gyn]

Gostaria de pagar.

Ödeme yapmak istiyorum.
[ødɛmɛ japmak istijorum]

Estava tudo maravilhoso.

Herşey harikaydı.
[hɛrʃɛj harikajdı]

Onde posso apanhar um táxi?

Nereden taksiye binebilirim?
[nɛrɛdɛn taksije binɛbilirim?]

Pode me chamar um táxi, por favor?

Bana bir taksi çağırır mısınız, lütfen?
[bana bir taksi tʃaːırır mısınız, lytfɛn?]

Restaurante

Posso ver o menu, por favor?	**Menüye bakabilir miyim, lütfen?** [mɛnyje bakabilir mijim, lytfɛn?]
Mesa para um.	**Bir kişilik masa.** [bir kiʃilik masa]
Somos dois (três, quatro).	**İki (üç, dört) kişiyiz.** [iki (ytʃ, døɾt) kiʃijiz]

Para fumadores	**Sigara içilen bölüm** [sigara itʃilɛn bølym]
Para não fumadores	**Sigara içilmeyen bölüm** [sigara itʃilmejen bølym]
Por favor!	**Affedersiniz!** [affedɛrsiniz!]
menu	**menü** [mɛny]
lista de vinhos	**şarap listesi** [ʃarap listɛsi]
O menu, por favor.	**Menü, lütfen.** [mɛny, lytfɛn]
Já escolheu?	**Sipariş vermeye hazır mısınız?** [sipariʃ vermeje hazır mısınız?]
O que vai tomar?	**Ne alırsınız?** [nɛ alırsınız?]
Eu quero ...	**... alacağım.** [... aladʒa:ım]

Eu sou vegetariano /vegetariana/.	**Ben vejetaryenim.** [ben veʒetarjenim]
carne	**et** [ɛt]
peixe	**balık** [balık]
vegetais	**sebze** [sebzɛ]
Tem pratos vegetarianos?	**Vejetaryen yemekleriniz var mı?** [veʒetarjen jemekleriniz var mı?]
Não como porco.	**Domuz eti yemem.** [domuz ɛti jemɛm]
Ele /ela/ não come porco.	**O et yemez.** [o ɛt jemɛz]
Sou alérgico /alérgica/ a ...	**... alerjim var.** [... aleɾʒim var]
Por favor, pode trazer-me ...?	**Bana ... getirir misiniz, lütfen?** [bana ... getirir misiniz, lytfɛn?]

sal | pimenta | açucar

café | chá | sobremesa

água | com gás | sem gás

uma colher | um garfo | uma faca

um prato | um guardanapo

tuz | biber | şeker
[tuz | bibɛr | ʃekɛr]

kahve | çay | tatlı
[kahvɛ | ʧaj | tatlı]

su | maden | içme
[su | madɛn | iʧmɛ]

kaşık | çatal | bıçak
[kaʃık | ʧatal | bıʧak]

tabak | peçete
[tabak | peʧɛtɛ]

Bom apetite!

Mais um, por favor.

Estava delicioso.

Afiyet olsun!
[afijet olsun!]

Bir tane daha, lütfen.
[bir tanɛ daha, lytfɛn]

Çok lezzetliydi.
[ʧok lezzɛtlijdi]

---

conta | troco | gorjeta

A conta, por favor.

Posso pagar com cartão de crédito?

Desculpe, mas tem um erro aqui.

hesap | para üstü | bahşiş
[hesap | para ysty | bahʃiʃ]

Hesap, lütfen.
[hesap, lytfɛn]

Kredi kartıyla ödeyebilir miyim?
[krɛdi kartıjla ødejebilir mijim?]

Affedersiniz, burada bir yanlışlık var.
[affedɛrsiniz, burada bir janlıʃlık var]

Centro Comercial

Posso ajudá-lo /ajudá-la/?

Yardımcı olabilir miyim?
[jardımʤı olabilir mijim?]

Tem ...?

Sizde ... var mı?
[sizdε ... var mı?]

Estou à procura de ...

... arıyorum.
[... arıjorum]

Preciso de ...

Bana ... lazım.
[bana ... lazım]

Estou só a ver.

Sadece bakıyorum.
[sadeʤε bakıjorum]

Estamos só a ver.

Sadece bakıyoruz.
[sadeʤε bakıjoruz]

Volto mais tarde.

Daha sonra tekrar geleceğim.
[daha sonra tekrar gelεʤε:im]

Voltamos mais tarde.

Daha sonra tekrar geleceğiz.
[daha sonra tekrar gelεʤε:iz]

descontos | saldos

iskonto | indirimli satış
[iskonto | indirimli satıʃ]

Mostre-me, por favor ...

Bana ... gösterebilir misiniz?
[bana ... gøsterεbilir misiniz?]

Dê-me, por favor ...

Bana ... verebilir misiniz?
[bana ... vεrεbilir misiniz?]

Posso experimentar?

Deneyebilir miyim?
[denεjebilir mijim?]

Desculpe, onde fica a cabine de prova?

Affedersiniz, deneme kabini nerede?
[affedεrsiniz, dεnεmε kabini nεrεdε?]

Que cor prefere?

Ne renk istersiniz?
[nε rεnk istεrsiniz?]

tamanho | cvomprimento

beden | boy
[bedεn | boj]

Como lhe fica?

Nasıl, üzerinize oldu mu?
[nasıl, yzεrinizε oldu mu?]

Quanto é que isto custa?

Bu ne kadar?
[bu nε kadar?]

É muito caro.

Çok pahalı.
[ʧok pahalı]

Eu fico com ele.

Bunu alıyorum.
[bunu alıjorum]

Desculpe, onde fica a caixa?

Affedersiniz, ödemeyi nerede yapabilirim?
[affedεrsiniz, ødemεji nεrεdε japabilirim?]

Vai pagar a dinheiro ou com cartão de crédito?	**Nakit mi yoksa kredi kartıyla mı ödeyeceksiniz?** [nakit mi joksa krɛdi kartıjla mı ødejedʒeksiniz?]
A dinheiro | com cartão de crédito	**Nakit | kredi kartıyla** [nakit | krɛdi kartıjla]

Pretende fatura?	**Fatura ister misiniz?** [fatura istɛr misiniz?]
Sim, por favor.	**Evet, lütfen.** [ɛvet, lytfɛn]
Não. Está bem!	**Hayır, gerek yok.** [hajır, gerek jok]
Obrigado /Obrigada/. Tenha um bom dia!	**Teşekkür ederim. İyi günler!** [tɛʃekkyr ɛdɛrim. iji gynlɛr!]

Na cidade

Desculpe, por favor ...	**Affedersiniz.** [affedɛrsiniz]
Estou à procura ...	**... arıyorum.** [... arıjorum]
do metro	**Metroyu** [metroju]
do meu hotel	**Otelimi** [otɛlimi]
do cinema	**Sinemayı** [sinemajı]
da praça de táxis	**Taksi durağını** [taksi dura:ını]

do multibanco	**Bir bankamatik** [bir bankamatik]
de uma casa de câmbio	**Bir döviz bürosu** [bir døviz byrosu]
de um café internet	**Bir internet kafe** [bir intɛrnɛt kafɛ]
da rua ...	**... caddesini** [... dʒaddɛsini]
deste lugar	**Şurayı** [ʃurajı]

Sabe dizer-me onde fica ...?	**... nerede olduğunu biliyor musunuz?** [... nɛrɛdɛ oldu:unu bilijor musunuz?]
Como se chama esta rua?	**Bu caddenin adı ne?** [bu dʒaddenin adı nɛ?]
Mostre-me onde estamos de momento.	**Şu an nerede olduğumuzu gösterir misiniz?** [ʃu an nɛrɛdɛ oldu:umuzu gøstɛrir misiniz?]
Posso ir até lá a pé?	**Oraya yürüyerek gidebilir miyim?** [oraja jyryjerek gidɛbilir mijim?]
Tem algum mapa da cidade?	**Sizde şehir haritası var mı?** [sizdɛ ʃehir haritası var mı?]

Quanto custa a entrada?	**Giriş bileti ne kadar?** [giriʃ bileti nɛ kadar?]
Pode-se fotografar aqui?	**Burada fotoğraf çekebilir miyim?** [burada foto:raf tʃekɛbilir mijim?]
Estão abertos?	**Açık mısınız?** [atʃık mısınız?]

A que horas abrem?

Ne zaman açıyorsunuz?
[nε zaman atʃıjorsunuz?]

A que horas fecham?

Ne zaman kapatıyorsunuz?
[nε zaman kapatıjorsunuz?]

Dinheiro

dinheiro	**para** [para]
a dinheiro	**nakit** [nakit]
dinheiro de papel	**kağıt para** [ka:ıt para]
troco	**bozukluk** [bozukluk]
conta | troco | gorjeta	**hesap | para üstü | bahşiş** [hesap | para ysty | bahʃiʃ]

cartão de crédito	**kredi kartı** [krɛdi kartı]
carteira	**cüzdan** [dʒyzdan]
comprar	**satın almak** [satın almak]
pagar	**ödemek** [ødɛmek]
multa	**ceza** [dʒɛza]
gratuito	**bedava** [bedava]

Onde é que posso comprar ...?	**Nereden ... alabilirim?** [nɛrɛdɛn ... alabilirim?]
O banco está aberto agora?	**Banka açık mı?** [banka aʧık mı?]
Quando abre?	**Ne zaman açılıyor?** [nɛ zaman aʧılıjor?]
Quando fecha?	**Ne zaman kapanıyor?** [nɛ zaman kapanıjor?]

Quanto?	**Ne kadar?** [nɛ kadar?]
Quanto custa isto?	**Bunun fiyatı nedir?** [bunun fijatı nɛdir?]
É muito caro.	**Çok pahalı.** [ʧok pahalı]
Desculpe, onde fica a caixa?	**Affedersiniz, ödemeyi nerede yapabilirim?** [affedɛrsiniz, ødemɛji nɛrɛdɛ japabilirim?]

A conta, por favor.	**Hesap, lütfen.** [hesap, lytfɛn]
Posso pagar com cartão de crédito?	**Kredi kartıyla ödeyebilir miyim?** [krɛdi kartıjla ødejebilir mijim?]
Há algum Multibanco aqui?	**Buralarda bankamatik var mı?** [buralarda bankamatik var mı?]
Estou à procura de um Multibanco.	**Bankamatik arıyorum.** [bankamatik arıjorum]

Estou à procura de uma casa de câmbio.	**Döviz bürosu arıyorum.** [døviz byrosu arıjorum]
Eu gostaria de trocar ...	**... bozdurmak istiyorum** [... bozdurmak istijorum]
Qual a taxa de câmbio?	**Döviz kuru nedir?** [døviz kuru nɛdir?]
Precisa do meu passaporte?	**Pasaportuma gerek var mı?** [pasaportuma gerek var mı?]

Tempo

Que horas são?	**Saat kaç?** [saat katʃ?]
Quando?	**Ne zaman?** [nɛ zaman?]
A que horas?	**Saat kaçta?** [saat katʃta?]
agora | mais tarde | depois ...	**şimdi | sonra | ...den sonra** [ʃimdi | sonra | ...den sonra]

uma em ponto	**saat bir** [saat bir]
uma e quinze	**bir on beş** [bir on bɛʃ]
uma e trinta	**bir otuz** [bir otuz]
uma e quarenta e cinco	**bir kırk beş** [bir kırk beʃ]

um | dois | três	**bir | iki | üç** [bir | iki | ytʃ]
quatro | cinco | seis	**dört | beş | altı** [dørt | beʃ | altı]
set | oito | nove	**yedi | sekiz | dokuz** [jedi | sekiz | dokuz]
dez | onze | doze	**on | on bir | on iki** [on | on bir | on iki]

dentro de ...	**... içinde** [... itʃindɛ]
5 minutos	**beş dakika** [beʃ dakika]
10 minutos	**on dakika** [on dakika]
15 minutos	**on beş dakika** [on beʃ dakika]
20 minutos	**yirmi dakika** [jirmi dakika]

meia hora	**yarım saat** [jarım saat]
uma hora	**bir saat** [bir saat]

de manhã	**sabah** [sabah]
de manhã cedo	**sabah erkenden** [sabah ɛrkendɛn]
esta manhã	**bu sabah** [bu sabah]
amanhã de manhã	**yarın sabah** [jarın sabah]

ao meio-dia	**öğlen yemeğinde** [ø:ølɛn jeme:indɛ]
à tarde	**öğleden sonra** [ø:øledɛn sonra]
à noite (das 18h às 24h)	**akşam** [akʃam]
esta noite	**bu akşam** [bu akʃam]

à noite (da 0h às 6h)	**geceleyin** [gedʒɛlejin]
ontem	**dün** [dyn]
hoje	**bugün** [bugyn]
amanhã	**yarın** [jarın]
depois de amanhã	**yarından sonraki gün** [jarından sonraki gyn]

Que dia é hoje?	**Bugün günlerden ne?** [bugyn gynlerdɛn nɛ?]
Hoje é …	**Bugün …** [bugyn …]
segunda-feira	**Pazartesi** [pazartɛsi]
terça-feira	**Salı** [salı]
quarta-feira	**Çarşamba** [tʃarʃamba]

quinta-feira	**Perşembe** [perʃɛmbɛ]
sexta-feira	**Cuma** [dʒuma]
sábado	**Cumartesi** [dʒumartɛsi]
domingo	**Pazar** [pazar]

Saudações. Apresentações

Olá!	**Merhaba.** [mɛrhaba]
Prazer em conhecê-lo /conhecê-la/.	**Tanıştığımıza memnun oldum.** [tanıʃtıːımıza memnun oldum]
O prazer é todo meu.	**Ben de.** [ben dɛ]
Apresento-lhe ...	**Sizi ... ile tanıştırmak istiyorum** [sizi ... ile tanıʃtırmak istijorum]
Muito prazer.	**Memnun oldum.** [memnun oldum]

Como está?	**Nasılsınız?** [nasılsınız?]
Chamo-me ...	**Adım ...** [adım ...]
Ele chama-se ...	**Adı ...** [adı ...]
Ela chama-se ...	**Adı ...** [adı ...]
Como é que o senhor /a senhora/ se chama?	**Adınız nedir?** [adınız nɛdir?]
Como é que ela se chama?	**Onun adı ne?** [onun adı nɛ?]
Como é que ela se chama?	**Onun adı ne?** [onun adı nɛ?]

Qual o seu apelido?	**Soyadınız nedir?** [sojadınız nɛdir?]
Pode chamar-me ...	**Bana ... diyebilirsiniz.** [bana ... dijebilirsiniz]
De onde é?	**Nereden geliyorsunuz?** [nɛrɛdɛn gelijorsunuz?]
Sou de ...	**... dan geliyorum.** [... dan gelijorum]
O que faz na vida?	**Mesleğiniz nedir?** [mɛsleːiniz nɛdir?]
Quem é este?	**Bu kim?** [bu kim?]
Quem é ele?	**O kim?** [o kim?]
Quem é ela?	**O kim?** [o kim?]
Quem são eles?	**Onlar kim?** [onlar kim?]

Este é ...	**Bu ...** [bu ...]
o meu amigo	**arkadaşım** [arkadaʃım]
a minha amiga	**arkadaşım** [arkadaʃım]
o meu marido	**kocam** [kodʒam]
a minha mulher	**karım** [karım]

o meu pai	**babam** [babam]
a minha mãe	**annem** [annɛm]
o meu irmão	**erkek kardeşim** [ɛrkek kardɛʃim]
a minha irmã	**kız kardeşim** [kız kardɛʃim]
o meu filho	**oğlum** [oːlum]
a minha filha	**kızım** [kızım]

Este é o nosso filho.	**Bu bizim oğlumuz.** [bu bizim oːlumuz]
Este é a nossa filha.	**Bu bizim kızımız.** [bu bizim kızımız]
Estes são os meus filhos.	**Bunlar benim çocuklarım.** [bunlar benim tʃodʒuklarım]
Estes são os nossos filhos.	**Bunlar bizim çocuklarımız.** [bunlar bizim tʃodʒuklarımız]

Despedidas

Adeus!	**Hoşça kalın!** [hoʃʧa kalın!]
Tchau!	**Görüşürüz!** [gøryʃyryz!]
Até amanhã.	**Yarın görüşmek üzere.** [jarın gøryʃmek yzɛrɛ]
Até breve.	**Görüşmek üzere.** [gøryʃmek yzɛrɛ]
Até às sete.	**Saat yedide görüşürüz.** [saat jedidɛ gøryʃyryz]

Diverte-te!	**İyi eğlenceler!** [iji ɛ:lenʤelɛr!]
Falamos mais tarde.	**Sonra konuşuruz.** [sonra konuʃuruz]
Bom fim de semana.	**İyi hafta sonları.** [iji hafta sonları]
Boa noite.	**İyi geceler.** [iji gɛʤɛlɛr]

Está na hora.	**Gitme vaktim geldi.** [gitmɛ vaktim gɛldi]
Preciso de ir embora.	**Gitmem lazım.** [gitmɛm lazım]
Volto já.	**Hemen dönerim.** [hemɛn dønɛrim]

Já é tarde.	**Geç oldu.** [gɛʧ oldu]
Tenho de me levantar cedo.	**Erken kalkmam lazım.** [ɛrken kalkmam lazım]
Vou-me embora amanhã.	**Yarın gidiyorum.** [jarın gidijorum]
Vamos embora amanhã.	**Yarın gidiyoruz.** [jarın gidijoruz]

Boa viagem!	**İyi yolculuklar!** [iji jolʤuluklar!]
Tive muito prazer em conhecer-vos.	**Tanıştığımıza memnun oldum.** [tanıʃtı:ımıza memnun oldum]
Foi muito agradável falar consigo.	**Konuştuğumuza memnun oldum.** [konuʃtu:umuza memnun oldum]
Obrigado /Obrigada/ por tudo.	**Herşey için teşekkürler.** [hɛrʃej iʧin tɛʃekkyrlɛr]

Passei um tempo muito agradável.

Çok iyi vakit geçirdim.
[ʧok iji vakit getʃirdim]

Passámos um tempo muito agradável.

Çok iyi vakit geçirdik.
[ʧok iji vakit getʃirdik]

Foi mesmo fantástico.

Gerçekten harikaydı.
[gerʧektɛn harikajdı]

Vou ter saudades suas.

Seni özleyeceğim.
[seni øzlejeʤɛ:im]

Vamos ter saudades suas.

Sizi özleyeceğiz.
[sizi øzlejeʤɛ:iz]

Boa sorte!

İyi şanslar!
[iji ʃanslar!]

Dê cumprimentos a ...

... selam söyle.
[... sɛlam søjle]

Língua estrangeira

Eu não entendo.	**Anlamıyorum.** [anlamıjorum]
Escreva isso, por favor.	**Yazar mısınız, lütfen?** [jazar mısınız, lytfɛn?]
O senhor /a senhora/ fala …?	**… biliyor musunuz?** [… bilijor musunuz?]

Eu falo um pouco de …	**Biraz … biliyorum.** [biraz … bilijorum]
Inglês	**İngilizce** [ingilizdʒɛ]
Turco	**Türkçe** [tyrktʃɛ]
Árabe	**Arapça** [araptʃa]
Francês	**Fransızca** [fransızdʒa]

Alemão	**Almanca** [almandʒa]
Italiano	**İtalyanca** [italjandʒa]
Espanhol	**İspanyolca** [ispanjoldʒa]
Português	**Portekizce** [portekizdʒɛ]
Chinês	**Çince** [tʃindʒɛ]
Japonês	**Japonca** [ʒapondʒa]

Pode repetir isso, por favor.	**Tekrar edebilir misiniz, lütfen?** [tekrar ɛdɛbilir misiniz, lytfɛn?]
Compreendo.	**Anlıyorum.** [anlıjorum]
Eu não entendo.	**Anlamıyorum.** [anlamıjorum]
Por favor fale mais devagar.	**Lütfen daha yavaş konuşun.** [lytfɛn daha javaʃ konuʃun]

Isso está certo?	**Bu doğru mu?** [bu do:ru mu?]
O que é isto? (O que significa?)	**Bu ne?** [bu nɛ?]

Desculpas

Desculpe-me, por favor.	**Affedersiniz.** [affedɛrsiniz]
Lamento.	**Üzgünüm.** [yzgynym]
Tenho muita pena.	**Gerçekten çok üzgünüm.** [gertʃektɛn tʃok yzgynym]
Desculpe, a culpa é minha.	**Özür dilerim, benim hatam.** [øzyr dilerim, benim hatam]
O erro foi meu.	**Benim hatamdı.** [benim hatamdı]

Posso ...?	**... yapabilir miyim?** [... japabilir mijim?]
O senhor /a senhora/ não se importa se eu ...?	**... bir mahsuru var mı?** [... bir mahsuru var mı?]
Não faz mal.	**Sorun değil.** [sorun dɛ:il]
Está tudo em ordem.	**Zararı yok.** [zararı jok]
Não se preocupe.	**Hiç önemli değil.** [hitʃ ønemli dɛ:il]

Acordo

Sim.	**Evet.** [ɛvet]
Sim, claro.	**Evet, tabii ki.** [ɛvet, tabii ki]
Está bem!	**Tamam.** [tamam]
Muito bem.	**Çok iyi.** [ʧok iji]
Claro!	**Tabii ki!** [tabii ki!]
Concordo.	**Katılıyorum.** [katılıjorum]

Certo.	**Doğru.** [doːru]
Correto.	**Aynen öyle.** [ajnɛn øjle]
Tem razão.	**Haklısınız.** [haklısınız]
Eu não me oponho.	**Benim için sorun değil.** [benim iʧin sorun dɛːil]
Absolutamente certo.	**Kesinlikle doğru.** [kesinliklɛ doːru]

É possível.	**Bu mümkün.** [bu mymkyn]
É uma boa ideia.	**Bu iyi bir fikir.** [bu iji bir fikir]
Não posso recusar.	**Hayır diyemem.** [hajır dijemɛm]
Terei muito gosto.	**Memnun olurum.** [memnun olurum]
Com prazer.	**Zevkle.** [zɛvkle]

Recusa. Expressão de dúvida

Não.	**Hayır.** [hajır]
Claro que não.	**Kesinlikle hayır.** [kesinliklɛ hajır]
Não concordo.	**Katılmıyorum.** [katılmıjorum]
Não creio.	**Sanmıyorum.** [sanmıjorum]
Isso não é verdade.	**Bu doğru değil.** [bu do:ru dɛ:il]

O senhor /a senhora/ não tem razão.	**Yanılıyorsunuz.** [janılıjorsunuz]
Acho que o senhor /a senhora/ não tem razão.	**Bence yanılıyorsunuz.** [bendʒe janılıjorsunuz]
Não tenho a certeza.	**Emin değilim.** [ɛmin dɛ:ilim]
É impossível.	**Bu mümkün değil.** [bu mymkyn dɛ:il]
De modo algum!	**Hiçbir surette!** [hitʃbir surɛttɛ!]

Exatamente o contrário.	**Tam tersi.** [tam tɛrsi]
Sou contra.	**Ben buna karşıyım.** [ben buna karʃıjım]
Não me importo.	**Umrumda değil.** [umrumda dɛ:il]
Não faço ideia.	**Hiçbir fikrim yok.** [hitʃbir fikrim jok]
Não creio.	**O konuda şüpheliyim.** [o konuda ʃyphɛlijim]

Desculpe, mas não posso.	**Üzgünüm, yapamam.** [yzgynym, japamam]
Desculpe, mas não quero.	**Üzgünüm, istemiyorum.** [yzgynym, istɛmijorum]

Desculpe, não quero isso.	**Teşekkür ederim, fakat buna ihtiyacım yok.** [tɛʃekkyr ɛdɛrim, fakat buna ihtijadʒım jok]
Já é muito tarde.	**Geç oluyor.** [getʃ olujor]

Tenho de me levantar cedo.	**Erken kalmalıyım.** [ɛrken kalmalıjim]
Não me sinto bem.	**Kendimi iyi hissetmiyorum.** [kendimi iji hissɛtmijorum]

Expressão de gratidão

Obrigado /Obrigada/.	**Teşekkürler.** [tɛʃekkyrlɛr]
Muito obrigado /obrigada/.	**Çok teşekkür ederim.** [tʃok tɛʃekkyr ɛdɛrim]

Fico muito grato /grata/.	**Gerçekten müteşekkirim.** [gertʃektɛn mytɛʃekkirim]
Estou-lhe muito reconhecido.	**Size hakikaten minnettarım.** [sizɛ hakikatɛn minnettarım]
Estamos-lhe muito reconhecidos.	**Size hakikaten minnettarız.** [sizɛ hakikatɛn minnettarız]

Obrigado /Obrigada/ pelo seu tempo.	**Zaman ayırdığınız** **için teşekkür ederim.** [zaman ajırdı:ınız itʃin tɛʃekkyr ɛdɛrim]
Obrigado /Obrigada/ por tudo.	**Herşey için teşekkürler.** [hɛrʃɛj itʃin tɛʃekkyrlɛr]

Obrigado /Obrigada/ ...	**... için teşekkürler.** [... itʃin tɛʃekkyrlɛr]
... pela sua ajuda	**Yardımınız için teşekkürler.** [jardımınız itʃin tɛʃekkyrlɛr]
... por este tempo bem passado	**Bu güzel vakit için teşekkürler.** [bu gyzɛl vakit itʃin tɛʃekkyrlɛr]

... pela comida deliciosa	**Bu harika yemek için teşekkürler.** [bu harika jemek itʃin tɛʃekkyrlɛr]
... por esta noite agradável	**Bu güzel akşam için teşekkürler.** [bu gyzɛl akʃam itʃin tɛʃekkyrlɛr]
... pelo dia maravilhoso	**Bu harika gün için teşekkürler.** [bu harika gyn itʃin tɛʃekkyrlɛr]
... pela jornada fantástica	**Bu harika yolculuk için teşekkürler.** [bu harika joldʒuluk itʃin tɛʃekkyrlɛr]

Não tem de quê.	**Lafı bile olmaz.** [lafı bilɛ olmaz]
Não precisa agradecer.	**Bir şey değil.** [bir ʃɛj dɛ:il]
Disponha sempre.	**Her zaman.** [hɛr zaman]
Foi um prazer ajudar.	**O zevk bana ait.** [o zɛvk bana ait]

Esqueça isso.

Não se preocupe.

Hiç önemli değil.
[hitʃ ønemli dɛ:il]

Hiç dert etme.
[hitʃ dɛrt ɛtmɛ]

Parabéns. Cumprimentos

Parabéns!	**Tebrikler!** [tɛbriklɛr!]
Feliz aniversário!	**Doğum günün kutlu olsun!** [do:um gynyn kutlu olsun!]
Feliz Natal!	**Mutlu Noeller!** [mutlu noɛllɛr!]
Feliz Ano Novo!	**Yeni yılın kutlu olsun!** [jeni jılın kutlu olsun!]

Feliz Páscoa!	**Mutlu Paskalyalar!** [mutlu paskaljalar!]
Feliz Hanukkah!	**Mutlu Hanuka Bayramları!** [mutlu hanuka bajramları!]

Gostaria de fazer um brinde.	**Kadeh kaldırmak istiyorum.** [kadɛh kaldırmak istijorum]
Saúde!	**Şerefe!** [ʃɛrɛfɛ!]
Bebamos a ...!	**... için kadeh kaldıralım!** [... Itʃin kadɛh kaldıralım!]
Ao nosso sucesso!	**Başarımıza!** [baʃarımıza!]
Ao vosso sucesso!	**Başarınıza!** [baʃarınıza!]

Boa sorte!	**İyi şanslar!** [iji ʃanslar!]
Tenha um bom dia!	**İyi günler!** [iji gynlɛr!]
Tenha um bom feriado!	**İyi tatiller!** [iji tatillɛr!]
Tenha uma viagem segura!	**İyi yolculuklar!** [iji joldʒuluklar!]
Espero que melhore em breve!	**Geçmiş olsun!** [getʃmiʃ olsun!]

Socializando

Porque é que está chateado /chateada/?	**Neden üzgünsünüz?** [nɛdɛn yzgynsynyz?]
Sorria!	**Gülümseyin! Neşelenin!** [gylymsɛjin! nɛʃɛlɛnin!]
Está livre esta noite?	**Bu gece müsait misiniz?** [bu gedʒɛ mysait misiniz?]

Posso oferecer-lhe algo para beber?	**Size bir içki ısmarlayabilir miyim?** [sizɛ bir itʃki ısmarlajabilir mijim?]
Você quer dançar?	**Dans eder misiniz?** [dans ɛdɛr misiniz?]
Vamos ao cinema.	**Hadi sinemaya gidelim.** [hadi sinemaja gidɛlim]

Gostaria de a convidar para ir ...	**Sizi ... davet edebilir miyim?** [sizi ... davɛt ɛdɛbilir mijim?]
ao restaurante	**restorana** [restorana]
ao cinema	**sinemaya** [sinemaja]
ao teatro	**tiyatroya** [tijatroja]
passear	**yürüyüşe** [jyryjyʃɛ]

A que horas?	**Saat kaçta?** [saat katʃta?]
hoje à noite	**bu gece** [bu gedʒɛ]
às 6 horas	**altıda** [altıda]
às 7 horas	**yedide** [jedidɛ]
às 8 horas	**sekizde** [sekizdɛ]
às 9 horas	**dokuzda** [dokuzda]

Gosta deste local?	**Burayı sevdiniz mi?** [burajı sɛvdiniz mi?]
Está com alguém?	**Biriyle birlikte mi geldiniz?** [birijle birliktɛ mi geldiniz?]
Estou com o meu amigo.	**Arkadaşımlayım.** [arkadaʃımlajım]

Estou com os meus amigos.	**Arkadaşlarımlayım.** [arkadaʃlarımlajım]
Não, estou sozinho /sozinha/.	**Hayır, yalnızım.** [hajır, jalnızım]

Tens namorado?	**Erkek arkadaşınız var mı?** [ɛrkek arkadaʃınız var mı?]
Tenho namorado.	**Erkek arkadaşım var.** [ɛrkek arkadaʃım var]
Tens namorada?	**Kız arkadaşınız var mı?** [kız arkadaʃınız var mı?]
Tenho namorada.	**Kız arkadaşım var.** [kız arkadaʃım var]

Posso voltar a vêr-te?	**Seni tekrar görebilir miyim?** [seni tekrar gørebilir mijim?]
Posso ligar-te?	**Seni arayabilir miyim?** [seni arajabilir mijim?]
Liga-me.	**Ara beni.** [ara beni]
Qual é o teu número?	**Telefon numaran nedir?** [tɛlefon numaran nɛdir?]
Tenho saudades tuas.	**Seni özledim.** [seni øzledim]

Tem um nome muito bonito.	**Adınız çok güzel.** [adınız tʃok gyzɛl]
Amo-te.	**Seni seviyorum.** [seni sevijorum]
Quer casar comigo?	**Benimle evlenir misin?** [benimle ɛvlenir misin?]

Você está a brincar!	**Şaka yapıyorsunuz!** [ʃaka japıjorsunuz!]
Estou só a brincar.	**Sadece şaka yapıyorum.** [sadedʒɛ ʃaka japıjorum]

Está a falar a sério?	**Ciddi misiniz?** [dʒiddi misiniz?]
Estou a falar a sério.	**Ciddiyim.** [dʒiddijim]
De verdade?!	**Gerçekten mi?!** [gertʃektɛn mi?!]
Incrível!	**İnanılmaz!** [inanılmaz!]
Não acredito.	**Size inanmıyorum.** [sizɛ inanmıjorum]

Não posso.	**Yapamam.** [japamam]
Não sei.	**Bilmiyorum.** [bilmijorum]

Não entendo o que está a dizer.	**Sizi anlamıyorum.** [sizi anlamıjorum]
Saia, por favor.	**Lütfen gider misiniz?** [lytfɛn gidɛr misiniz?]
Deixe-me em paz!	**Beni rahat bırakın!** [beni rahat bırakın!]

Eu não o suporto.	**Ona katlanamıyorum!** [ona katlanamıjorum!]
Você é detestável!	**İğrençsiniz!** [iːirɛntʃsiniz!]
Vou chamar a polícia!	**Polisi arayacağım!** [polisi arajadʒaːım!]

Partilha de impressões. Emoções

Gosto disto.	**Bunu sevdim.** [bunu sɛvdim]
É muito simpático.	**Çok hoş.** [ʧok hoʃ]
Fixe!	**Bu harika!** [bu harika!]
Não é mau.	**Fena değil.** [fena dɛ:il]

Não gosto disto.	**Bundan hoşlanmadım.** [bundan hoʃlanmadım]
Isso não está certo.	**Bu iyi değil.** [bu iji dɛ:il]
Isso é mau.	**Bu kötü.** [bu køty]
Isso é muito mau.	**Bu çok kötü.** [bu ʧok køty]
Isso é asqueroso.	**Bu iğrenç.** [bu i:irɛnʧ]

Estou feliz.	**Mutluyum.** [mutlujum]
Estou contente.	**Halimden memnunum.** [halimdɛn mɛmnunum]
Estou apaixonado /apaixonada/.	**Aşığım.** [aʃı:ım]
Estou calmo /calma/.	**Sakinim.** [sakinim]
Estou aborrecido /aborrecida/.	**Sıkıldım.** [sıkıldım]

Estou cansado /cansada/.	**Yorgunum.** [jorgunum]
Estou triste.	**Üzgünüm.** [yzgynym]
Estou apavorado /apavorada/.	**Korkuyorum.** [korkujorum]

Estou zangado /zangada/.	**Kızgınım.** [kızgınım]
Estou preocupado /preocupada/.	**Endişeliyim.** [ɛndiʃelijim]
Estou nervoso /nervosa/.	**Gerginim.** [gerginim]

Estou ciumento /ciumenta/.	**Kıskanıyorum.** [kıskanıjorum]
Estou surpreendido /surpreendida/.	**Şaşırdım.** [ʃaʃırdım]
Estou perplexo /perplexa/.	**Şaşkınım.** [ʃaʃkınım]

Problemas. Acidentes

Tenho um problema.	**Bir sorunum var.** [bir sorunum var]
Temos um problema.	**Bir sorunumuz var.** [bir sorunumuz var]
Estou perdido.	**Kayboldum.** [kajboldum]
Perdi o último autocarro.	**Son otobüsü (treni) kaçırdım.** [son otobysy (treni) katʃɯrdɯm]
Não me resta nenhum dinheiro.	**Hiç param kalmadı.** [hitʃ param kalmadı]

Eu perdi ...	**... kaybettim.** [... kajbɛttim]
Roubaram-me ...	**Biri ... çaldı.** [biri ... tʃaldı]
o meu passaporte	**pasaportumu** [pasaportumu]
a minha carteira	**cüzdanımı** [dʒyzdanımı]
os meus papéis	**belgelerimi** [belgelerimi]
o meu bilhete	**biletimi** [biletimi]

o dinheiro	**paramı** [paramı]
a minha mala	**el çantamı** [ɛl tʃantamı]
a minha camara	**fotoğraf makinamı** [foto:raf makinamı]
o meu computador	**dizüstü bilgisayarımı** [dizysty bilgisajarımı]
o meu tablet	**tablet bilgisayarımı** [tablet bilgisajarımı]
o meu telemóvel	**cep telefonumu** [dʒɛp tɛlefonumu]

Ajude-me!	**Yardım edin!** [jardım ɛdin!]
O que é que aconteceu?	**Ne oldu?** [nɛ oldu?]
fogo	**yangın** [jangın]

tiroteio	**silahlı çatışma** [silahlı tʃatıʃma]
assassínio	**cinayet** [dʒinajet]
explosão	**patlama** [patlama]
briga	**kavga** [kavga]

Chame a polícia!	**Polis çağırın!** [polis tʃa:ırın!]
Mais depressa, por favor!	**Lütfen acele edin!** [lytfɛn adʒɛle ɛdin!]
Estou à procura de uma esquadra de polícia.	**Karakolu arıyorum.** [karakolu arıjorum]
Preciso de telefonar.	**Telefon açmam gerek.** [tɛlefon atʃmam gerek]
Posso telefonar?	**Telefonunuzu kullanabilir miyim?** [tɛlefonunuzu kullanabilir mijim?]

Fui ...	**Ben ...** [ben ...]
assaltado /assaltada/	**gasp edildim.** [gasp ɛdildim]
roubado /roubada/	**soyuldum.** [sojuldum]
violada	**tecavüze uğradım.** [tɛdʒavyzɛ u:radım]
atacado /atacada/	**saldırıya uğradım.** [saldırıja u:radım]

Está tudo bem consigo?	**İyi misiniz?** [iji misiniz?]
Viu quem foi?	**Kim olduğunu gördünüz mü?** [kim oldu:unu gørdynyz my?]
Seria capaz de reconhecer a pessoa?	**Yapanı görseniz, tanıyabilir misiniz?** [japanı gørsɛniz, tanıjabilir misiniz?]
Tem a certeza?	**Emin misiniz?** [ɛmin misiniz?]

Acalme-se, por favor.	**Lütfen sakinleşin.** [lytfɛn sakinleʃin]
Calma!	**Sakin ol!** [sakin ol!]
Não se preocupe.	**Endişelenmeyin!** [ɛndiʃɛlenmɛjin!]
Vai ficar tudo bem.	**Herşey yoluna girecek.** [hɛrʃɛj joluna giredʒek]
Está tudo em ordem.	**Herşey yolunda.** [hɛrʃɛj jolunda]
Chegue aqui, por favor.	**Buraya gelin, lütfen.** [buraja gelin, lytfɛn]

Tenho algumas questões a colocar-lhe.	**Size birkaç sorum olacak.** [sizɛ birkatʃ sorum oladʒak]
Aguarde um momento, por favor.	**Bir dakika bekler misiniz, lütfen?** [bir dakika beklɛr misiniz, lytfɛn?]
Tem alguma identificação?	**Kimliğiniz var mı?** [kimliğiniz var mı?]
Obrigado. Pode ir.	**Teşekkürler. Şimdi gidebilirsiniz.** [tɛʃekkyrlɛr. ʃimdi gidɛbilirsiniz]
Mãos atrás da cabeça!	**Ellerinizi başınızın arkasına koyun!** [ɛllɛrinizi baʃınızın arkasına kojun!]
Você está preso!	**Tutuklusunuz!** [tutuklusunuz!]

Problemas de saúde

Ajude-me, por favor.	**Lütfen bana yardım eder misiniz?** [lytfɛn bana jardım ɛdɛr misiniz?]
Não me sinto bem.	**Kendimi iyi hissetmiyorum.** [kendimi iji hissɛtmijorum]
O meu marido não se sente bem.	**Kocam kendisini iyi hissetmiyor.** [kodʒam kendisini iji hissɛtmijor]
O meu filho ...	**Oğlum ...** [oːlum ...]
O meu pai ...	**Babam ...** [babam ...]

A minha mulher não se sente bem.	**Karım kendisini iyi hissetmiyor.** [karım kendisini iji hissɛtmijor]
A minha filha ...	**Kızım ...** [kızım ...]
A minha mãe ...	**Annem ...** [annɛm ...]

Tenho uma ...	**... ağrıyor.** [... aːrıjor]
dor de cabeça	**Başım** [baʃım]
dor de garganta	**Boğazım** [boːazım]
dor de barriga	**Midem** [midɛm]
dor de dentes	**Dişim** [diʃim]

Estou com tonturas.	**Başım dönüyor.** [baʃım dønyjor]
Ele está com febre.	**Ateşi var.** [atɛʃi var]
Ela está com febre.	**Ateşi var.** [atɛʃi var]
Não consigo respirar.	**Nefes alamıyorum.** [nɛfɛs alamıjorum]

Estou a sufocar.	**Nefesim daralıyor.** [nɛfɛsim daralıjor]
Sou asmático /asmática/.	**Astımım var.** [astımım var]
Sou diabético /diabética/.	**Şeker hastalığım var.** [ʃekɛr hastalıːım var]

Estou com insónia.	**Uyuyamıyorum.** [ujujamıjorum]
intoxicação alimentar	**Gıda zehirlenmesi** [gıda zɛhirlenmɛsi]

Dói aqui.	**Burası acıyor.** [burası adʒıjor]
Ajude-me!	**Yardım edin!** [jardım ɛdin!]
Estou aqui!	**Buradayım!** [buradajım!]
Estamos aqui!	**Buradayız!** [buradajız!]
Tirem-me daqui!	**Beni buradan çıkarın!** [beni buradan tʃıkarın!]
Preciso de um médico.	**Doktora ihtiyacım var.** [doktora ihtijadʒım var]
Não me consigo mexer.	**Hareket edemiyorum.** [harekɛt ɛdɛmijorum]
Não consigo mover as pernas.	**Bacaklarımı kıpırdatamıyorum.** [badʒaklarımı kıpırdatamıjorum]

Estou ferido.	**Yaralandım.** [jaralandım]
É grave?	**Ciddi mi?** [dʒiddi mi?]
Tenho os documentos no bolso.	**Belgelerim cebimde.** [belgelerim dʒɛbimdɛ]
Acalme-se!	**Sakin olun!** [sakin olun!]
Posso telefonar?	**Telefonunuzu kullanabilir miyim?** [tɛlefonunuzu kullanabilir mijim?]

Chame uma ambulância!	**Ambulans çağırın!** [ambulans tʃa:ırın!]
É urgente!	**Acil!** [adʒil!]
É uma emergência!	**Bu bir acil durum!** [bu bir adʒil durum!]
Mais depressa, por favor!	**Lütfen acele edin!** [lytfɛn adʒɛle ɛdin!]
Chame o médico, por favor.	**Lütfen doktor çağırır mısınız?** [lytfɛn doktor tʃa:ırır mısınız?]
Onde fica o hospital?	**Hastane nerede?** [hastanɛ nɛrɛdɛ?]

Como se sente?	**Kendinizi nasıl hissediyorsunuz?** [kendinizi nasıl hissɛdijorsunuz?]
Está tudo bem consigo?	**İyi misiniz?** [iji misiniz?]
O que é que aconteceu?	**Ne oldu?** [nɛ oldu?]

Já me sinto melhor.

Şimdi daha iyiyim.
[ʃimdi daha ijijim]

Está tudo em ordem.

Sorun değil.
[sorun dɛ:il]

Tubo bem.

Bir şeyim yok.
[bir ʃɛjim jok]

Na farmácia

farmácia	**eczane** [ɛʤzane]
farmácia de serviço	**nöbetçi eczane** [nøbɛtʧi ɛʤzane]
Onde fica a farmácia mais próxima?	**En yakın eczane nerede?** [ɛn jakın ɛʤzane nɛrɛdɛ?]

Está aberto agora?	**Şu an açık mı?** [ʃu an aʧık mı?]
A que horas abre?	**Saat kaçta açılıyor?** [saat kaʧta aʧılıjor?]
A que horas fecha?	**Saat kaçta kapanıyor?** [saat kaʧta kapanıjor?]

Fica longe?	**Uzakta mı?** [uzakta mı?]
Posso ir até lá a pé?	**Oraya yürüyerek gidebilir miyim?** [oraja jyryjerek gidɛbilir mijim?]
Pode-me mostrar no mapa?	**Yerini haritada gösterebilir misiniz?** [jerini haritada gøstɛrɛbilir misiniz?]

Por favor dê-me algo para ...	**Lütfen ... için bir şey verir misiniz?** [lytfɛn ... iʧin bir ʃɛj vɛrir misiniz?]
as dores de cabeça	**baş ağrısı** [baʃ a:rısı]
a tosse	**öksürük** [øksyryk]
o resfriado	**soğuk algınlığı** [so:uk algınlı:ı]
a gripe	**grip** [grip]

a febre	**ateş** [atɛʃ]
uma dor de estômago	**mide ağrısı** [midɛ a:rısı]
as náuseas	**bulantı** [bulantı]
a diarreia	**ishal** [ishal]
a constipação	**kabızlık** [kabızlık]
as dores nas costas	**sırt ağrısı** [sırt a:rısı]

as dores no peito	**göğüs ağrısı** [gø:øys a:rısı]
a sutura	**dalak şişmesi** [dalak ʃiʃmɛsi]
as dores abdominais	**karın ağrısı** [karın a:rısı]

comprimido	**hap** [hap]
unguento, creme	**merhem, krem** [mɛrhɛm, krɛm]
charope	**şurup** [ʃurup]
spray	**sprey** [sprɛj]
dropes	**damla** [damla]

Você precisa de ir ao hospital.	**Hastaneye gitmeniz gerek.** [hastanɛje gitmɛniz gerek]
seguro de saúde	**sağlık sigortası** [sa:lık sigortası]
prescrição	**reçete** [retʃɛtɛ]
repelente de insetos	**böcek ilacı** [bødʒek iladʒı]
penso rápido	**yara bandı** [jara bandı]

O mínimo

Desculpe, ...
Affedersiniz, ...
[affedɛrsiniz, ...]

Olá!
Merhaba.
[mɛrhaba]

Obrigado /Obrigada/.
Teşekkürler.
[tɛʃekkyrlɛr]

Adeus.
Hoşça kalın.
[hoʃtʃa kalın]

Sim.
Evet.
[ɛvet]

Não.
Hayır.
[hajır]

Não sei.
Bilmiyorum.
[bilmijorum]

Onde? | Para onde? | Quando?
Nerede? | Nereye? | Ne zaman?
[nɛrɛdɛ? | nɛrɛje? | nɛ zaman?]

Preciso de ...
Bana ... lazım.
[bana ... lazım]

Eu queria ...
... istiyorum.
[... istijorum]

Tem ...?
Sizde ... var mı?
[sizdɛ ... var mı?]

Há aqui ...?
Burada ... var mı?
[burada ... var mı?]

Posso ...?
... yapabilir miyim?
[... japabilir mijim?]

..., por favor
..., lütfen
[..., lytfɛn]

Estou à procura de ...
Ben ... arıyorum.
[ben ... arıjorum]

casa de banho
tuvaleti
[tuvaleti]

Multibanco
bankamatik
[bankamatik]

farmácia
eczane
[ɛdʒzane]

hospital
hastane
[hastanɛ]

esquadra de polícia
karakolu
[karakolu]

metro
metroyu
[metroju]

táxi	**taksi** [taksi]
estação de comboio	**tren istasyonunu** [tren istasjonunu]

Chamo-me ...	**Benim adım ...** [benim adım ...]
Como se chama?	**Adınız nedir?** [adınız nɛdir?]
Pode-me dar uma ajuda?	**Bana yardım edebilir misiniz, lütfen?** [bana jardım ɛdɛbilir misiniz, lytfɛn?]
Tenho um problema.	**Bir sorunum var.** [bir sorunum var]
Não me sinto bem.	**Kendimi iyi hissetmiyorum.** [kendimi iji hissɛtmijorum]
Chame a ambulância!	**Ambulans çağırın!** [ambulans ʧaːırın!]
Posso fazer uma chamada?	**Telefonunuzdan bir arama yapabilir miyim?** [tɛlefonunuzdan bir arama japabilir mijim?]

Desculpe.	**Üzgünüm.** [yzgynym]
De nada.	**Rica ederim.** [ridʒa ɛdɛrim]

eu	**Ben, bana** [ben, bana]
tu	**sen** [sen]
ele	**o** [o]
ela	**o** [o]
eles	**onlar** [onlar]
elas	**onlar** [onlar]
nós	**biz** [biz]
vocês	**siz** [siz]
você	**siz** [siz]

ENTRADA	**GİRİŞ** [giriʃ]
SAÍDA	**ÇIKIŞ** [ʧikiʃ]
FORA DE SERVIÇO	**HİZMET DIŞI** [hizmɛt diʃi]

FECHADO   **KAPALI**
                                 [kapali]

ABERTO   **AÇIK**
                                 [atʃik]

PARA SENHORAS   **KADINLAR İÇİN**
                                 [kadinlar itʃin]

PARA HOMENS   **ERKEKLER İÇİN**
                                 [ɛrkeklɛr itʃin]

T&P BOOKS

MINI DICIONÁRIO

Esta secção contém 250
palavras úteis necessárias
para a comunicação do dia
a dia. Irá encontrar aqui os
nomes dos meses e dias
da semana. O dicionário
contém também temas como
cores, medidas, família e
muito mais

T&P Books Publishing

CONTEÚDO DO DICIONÁRIO

T&P Books Publishing

tempo (m)	**zaman, vakit**	[zaman], [vakit]
hora (f)	**saat**	[sa:t]
meia hora (f)	**yarım saat**	[jarım sa:t]
minuto (m)	**dakika**	[dakika]
segundo (m)	**saniye**	[sanijæ]
hoje	**bugün**	[bugyn]
amanhã	**yarın**	[jarın]
ontem	**dün**	[dyn]
segunda-feira (f)	**Pazartesi**	[pazartæsi]
terça-feira (f)	**Salı**	[salı]
quarta-feira (f)	**Çarşamba**	[tʃarʃamba]
quinta-feira (f)	**Perşembe**	[pærʃæmbæ]
sexta-feira (f)	**Cuma**	[dʒuma]
sábado (m)	**Cumartesi**	[dʒumartæsi]
domingo (m)	**Pazar**	[pazar]
dia (m)	**gün**	[gyn]
dia (m) de trabalho	**iş günü**	[iʃ gyny]
feriado (m)	**bayram günü**	[bajram gyny]
fim (m) de semana	**hafta sonu**	[hafta sonu]
semana (f)	**hafta**	[hafta]
na semana passada	**geçen hafta**	[gætʃæn hafta]
na próxima semana	**gelecek hafta**	[gæʎdʒæk hafta]
de manhã	**sabahleyin**	[sabahlæjın]
à tarde	**öğleden sonra**	[øjlædæn sonra]
à noite (noitinha)	**akşamleyin**	[akʃamlæjın]
hoje à noite	**bu akşam**	[bu akʃam]
à noite	**geceleyin**	[gædʒælæjın]
meia-noite (f)	**gece yarısı**	[gædʒæ jarısı]
janeiro (m)	**ocak**	[odʒak]
fevereiro (m)	**şubat**	[ʃubat]
março (m)	**mart**	[mart]
abril (m)	**nisan**	[nisan]
maio (m)	**mayıs**	[majıs]
junho (m)	**haziran**	[haziran]
julho (m)	**temmuz**	[tæmmuz]
agosto (m)	**ağustos**	[a:ustos]

setembro (m)	eylül	[æjlyʎ]
outubro (m)	ekim	[ækim]
novembro (m)	kasım	[kasım]
dezembro (m)	aralık	[aralık]

na primavera	ilkbaharda	[iʎkbaharda]
no verão	yazın	[jazın]
no outono	sonbaharda	[sonbaharda]
no inverno	kışın	[kıʃın]

mês (m)	ay	[aj]
estação (f)	mevsim	[mævsim]
ano (m)	yıl, sene	[jıl], [sænæ]

2. Números. Numeração

zero	sıfır	[sıfır]
um	bir	[bir]
dois	iki	[iki]
três	üç	[juʧ]
quatro	dört	[dørt]

cinco	beş	[bæʃ]
seis	altı	[altı]
sete	yedi	[jædi]
oito	sekiz	[sækiz]
nove	dokuz	[dokuz]
dez	on	[on]

onze	on bir	[on bir]
doze	on iki	[on iki]
treze	on üç	[on juʧ]
catorze	on dört	[on dørt]
quinze	on beş	[on bæʃ]

dezasseis	on altı	[on altı]
dezassete	on yedi	[on jædi]
dezoito	on sekiz	[on sækiz]
dezanove	on dokuz	[on dokuz]

vinte	yirmi	[jırmi]
trinta	otuz	[otuz]
quarenta	kırk	[kırk]
cinquenta	elli	[ælli]

sessenta	altmış	[altmıʃ]
setenta	yetmiş	[jætmiʃ]
oitenta	seksen	[sæksæn]
noventa	doksan	[doksan]
cem	yüz	[juz]

duzentos	iki yüz	[iki juz]
trezentos	üç yüz	[utʃ juz]
quatrocentos	dört yüz	[dørt juz]
quinhentos	beş yüz	[bæʃ juz]

seiscentos	altı yüz	[altı juz]
setecentos	yedi yüz	[jædi juz]
oitocentos	sekiz yüz	[sækiz juz]
novecentos	dokuz yüz	[dokuz juz]
mil	bin	[bin]

| dez mil | on bin | [on bin] |
| cem mil | yüz bin | [juz bin] |

| um milhão | milyon | [bir miʎon] |
| mil milhões | milyar | [bir miʎjar] |

3. Humanos. Família

homem (m)	erkek	[ærkæk]
jovem (m)	delikanlı	[dælikanlı]
mulher (f)	kadın, bayan	[kadın], [bajan]
rapariga (f)	kız	[kız]
velhote (m)	ihtiyar	[ihtijar]
velhota (f)	yaşlı kadın	[jaʃlı kadın]

mãe (f)	anne	[aŋæ]
pai (m)	baba	[baba]
filho (m)	oğul	[øul]
filha (f)	kız	[kız]
irmão (m)	kardeş	[kardæʃ]
irmã (f)	abla	[abla]

pais (pl)	ana baba	[ana baba]
criança (f)	çocuk	[tʃodʒuk]
crianças (f pl)	çocuklar	[tʃodʒuklar]
madrasta (f)	üvey anne	[juvæj aŋæ]
padrasto (m)	üvey baba	[juvæj baba]

avó (f)	büyük anne	[byjuk aŋæ]
avô (m)	büyük baba	[byjuk baba]
neto (m)	erkek torun	[ærkæk torun]
neta (f)	kız torun	[kız torun]
netos (pl)	torunlar	[torunlar]

tio (m)	amca, dayı	[amdʒa], [dai:]
tia (f)	teyze, hala	[tæjzæ], [hala]
sobrinho (m)	erkek yeğen	[ærkæk jæ:n]
sobrinha (f)	kız yeğen	[kız jæ:n]
mulher (f)	hanım, eş	[hanım], [æʃ]

marido (m)	eş, koca	[æʃ], [kodʒa]
casado	evli	[ævli]
casada	evli	[ævli]
viúva (f)	dul kadın	[dul kadın]
viúvo (m)	dul erkek	[dul ærkæk]

| nome (m) | ad, isim | [ad], [isim] |
| apelido (m) | soyadı | [sojadı] |

parente (m)	akraba	[akraba]
amigo (m)	dost, arkadaş	[dost], [arkadaʃ]
amizade (f)	dostluk	[dostluk]

parceiro (m)	ortak	[ortak]
superior (m)	amir	[amir]
colega (m)	meslektaş	[mæslæktaʃ]
vizinhos (pl)	komşular	[komʃular]

4. Corpo humano

corpo (m)	vücut	[vydʒut]
coração (m)	kalp	[kaʎp]
sangue (m)	kan	[kan]
cérebro (m)	beyin	[bæjın]

osso (m)	kemik	[kæmik]
coluna (f) vertebral	omurga	[omurga]
costela (f)	kaburga	[kaburga]
pulmões (m pl)	akciğer	[akdʒijær]
pele (f)	cilt	[dʒiʎt]

cabeça (f)	baş	[baʃ]
cara (f)	yüz	[juz]
nariz (m)	burun	[burun]
testa (f)	alın	[alın]
bochecha (f)	yanak	[janak]

boca (f)	ağız	[aız]
língua (f)	dil	[diʎ]
dente (m)	diş	[diʃ]
lábios (m pl)	dudaklar	[dudaklar]
queixo (m)	çene	[tʃænæ]

orelha (f)	kulak	[kulak]
pescoço (m)	boyun	[bojun]
olho (m)	göz	[gøz]
pupila (f)	gözbebeği	[gøz bæbæı]
sobrancelha (f)	kaş	[kaʃ]
pestana (f)	kirpik	[kirpik]
cabelos (m pl)	saçlar	[satʃlar]

penteado (m)	saç	[satʃ]
bigode (m)	bıyık	[bɪjɪk]
barba (f)	sakal	[sakal]
usar, ter (~ barba, etc.)	uzatmak, bırakmak	[uzatmak], [bɪrakmak]
calvo	kel	[kæʎ]

mão (f)	el	[æʎ]
braço (m)	kol	[kol]
dedo (m)	parmak	[parmak]
unha (f)	tırnak	[tɪrnak]
palma (f) da mão	avuç	[avutʃ]

ombro (m)	omuz	[omuz]
perna (f)	bacak	[badʒak]
joelho (m)	diz	[diz]
talão (m)	topuk	[topuk]
costas (f pl)	sırt	[sɪrt]

5. Vestuário. Acessórios pessoais

roupa (f)	elbise, kıyafet	[æʎbisæ], [kɪjafæt]
sobretudo (m)	palto	[paʎto]
casaco (m) de peles	kürk manto	[kyrk manto]
casaco, blusão (m)	ceket	[dʒækæt]
impermeável (m)	trençkot	[træntʃkot]

camisa (f)	gömlek	[gømlæk]
calças (f pl)	pantolon	[pantolon]
casaco (m) de fato	ceket	[dʒækæt]
fato (m)	takım elbise	[takɪm æʎbisæ]

vestido (ex. ~ vermelho)	elbise, kıyafet	[æʎbisæ], [kɪjafæt]
saia (f)	etek	[ætæk]
T-shirt, camiseta (f)	tişört	[tiʃort]
roupão (m) de banho	bornoz	[bornoz]
pijama (m)	pijama	[piʒama]
roupa (f) de trabalho	iş elbisesi	[iʃ æʎbisæsi]

roupa (f) interior	iç çamaşırı	[itʃ tʃamaʃɪrɪ]
peúgas (f pl)	kısa çorap	[kɪsa tʃorap]
sutiã (m)	sutyen	[sutʲæn]
meias-calças (f pl)	külotlu çorap	[kyløtly tʃorap]
meias (f pl)	çorap	[tʃorap]
fato (m) de banho	mayo	[majo]

chapéu (m)	şapka	[ʃapka]
calçado (m)	ayakkabı	[ajakkabɪ]
botas (f pl)	çizmeler	[tʃizmælær]
salto (m)	topuk	[topuk]
atacador (m)	bağ	[ba:]

graxa (f) para calçado	ayakkabı boyası	[ajakkabı bojası]
luvas (f pl)	eldiven	[æʌdivæn]
mitenes (f pl)	tek parmaklı eldiven	[tæk parmaklı æʌdivæn]
cachecol (m)	atkı	[atkı]
óculos (m pl)	gözlük	[gøzlyk]
guarda-chuva (m)	şemsiye	[ʃæmsijæ]

gravata (f)	kravat	[kravat]
lenço (m)	mendil	[mændiʎ]
pente (m)	tarak	[tarak]
escova (f) para o cabelo	saç fırçası	[satʃ firtʃası]

fivela (f)	kemer tokası	[kæmær tokası]
cinto (m)	kemer	[kæmær]
bolsa (f) de senhora	bayan çantası	[bajan tʃantası]

6. Casa. Apartamento

apartamento (m)	daire	[dairæ]
quarto (m)	oda	[oda]
quarto (m) de dormir	yatak odası	[jatak odası]
sala (f) de jantar	yemek odası	[jæmæk odası]

sala (f) de estar	misafir odası	[misafir odası]
escritório (m)	çalışma odası	[tʃalıʃma odası]
antessala (f)	antre	[antræ]
quarto (m) de banho	banyo odası	[baɲʲo odası]
quarto (m) de banho	tuvalet	[tuvalæt]

aspirador (m)	elektrik süpürgesi	[ælæktrik sypyrgæsi]
esfregona (f)	paspas	[paspas]
pano (m), trapo (m)	bez	[bæz]
vassoura (f)	süpürge	[sypyrgæ]
pá (f) de lixo	faraş	[faraʃ]

mobiliário (m)	mobilya	[mobiʎja]
mesa (f)	masa	[masa]
cadeira (f)	sandalye	[sandaʎʲæ]
cadeirão (m)	koltuk	[koltuk]

espelho (m)	ayna	[ajna]
tapete (m)	halı	[halı]
lareira (f)	şömine	[ʃominæ]
cortinas (f pl)	perdeler	[pærdlær]
candeeiro (m) de mesa	masa lambası	[masa lambası]
lustre (m)	avize	[avizæ]

cozinha (f)	mutfak	[mutfak]
fogão (m) a gás	gaz sobası	[gaz sobası]
fogão (m) elétrico	elektrik ocağı	[ælæktrik odʒaı]

forno (m) de micro-ondas	mikrodalga fırın	[mikrodalga fırın]
frigorífico (m)	buzdolabı	[buzdolabı]
congelador (m)	derin dondurucu	[dærin donduruʤu]
máquina (f) de lavar louça	bulaşık makinesi	[bulaʃık makinæsi]
torneira (f)	musluk	[musluk]
moedor (m) de carne	kıyma makinesi	[kıjma makinæsi]
espremedor (m)	meyve sıkacağı	[mæjvæ sıkadʒaı]
torradeira (f)	tost makinesi	[tost makinæsi]
batedeira (f)	mikser	[miksær]
máquina (f) de café	kahve makinesi	[kahvæ makinæsi]
chaleira (f)	çaydanlık	[ʧajdanlık]
bule (m)	demlik	[dæmlik]
televisor (m)	televizyon	[tælæviziˈon]
videogravador (m)	video	[vidæo]
ferro (m) de engomar	ütü	[juty]
telefone (m)	telefon	[tælæfon]

www.ingramcontent.com/pod-product-compliance
Lightning Source LLC
Chambersburg PA
CBHW070839050426
42452CB00011B/2339